VAINCRE LE REJET

Avec Jésus-Christ

C'est toujours possible de parler en termes de SOLUTIONS qu'en termes de problèmes

VAINCRE LE REJET

Avec Jésus-Christ

C'est toujours possible de parler en termes de SOLUTIONS qu'en termes de problèmes

NIGUEL NDONGALA

Avril 2022

Sauf indication contraire, les citations bibliques sont tirées de la Bible Louis Segond 1910.

ISBN : 9791095169468

Édité et Mis en page par JIK CONSULTING

Site : www.jonathanisaack.com

TABLE DES MATIERES

DÉDICACES

Je dédie ce livre à Jésus, le Dieu aux possibilités illimitées, pour ses actions d'éclats dans ma vie.

REMERCIEMENTS

Je rends grâce au Saint-Esprit qui me fait connaitre tous les effets merveilleux de la grâce divine, afin que j'enregistre un très net progrès dans ma vie.

Étant un Motivational-Speaker, le Docteur Joël Ngiandu L. se plait toujours à injecter un nouveau souffle dans ma vie via ses mots oints. Que le Ciel vous arrose abondamment !

Les Ndongala, Christ, Glodi, et Tonny ; ne laissez pas une mauvaise période vous faire croire que vous avez une mauvaise vie. Il y a toujours d'éclair à la fin de chaque tunnel...

Par la seule stricte observance de son leadership et mentorship, le Docteur Kany wa Kany, mon directeur de l'IBTD m'introduisit dans une vie centrée sur la présence de Dieu.

Dans l'exercice de son ministère prophétique, le prophète Djo Grâce Mwenze, j'ai pu bénéficier de l'intelligence éclairée.

Et à tous mes professeurs de l'Institut Biblique et Théologique de Dortmund (IBTD), je vous suis infiniment reconnaissante pour votre grand savoir et l'accompagnement spirituel.

Je remercie aussi le prophète Jonathan Isaac K. ainsi que toute son équipe pour les conseils nourrissants.

Enfin, mes remerciements à tous ceux qui de loin ou de près m'ont prêté main forte pour la réalisation de cette Œuvre !

MOTS DE L'AUTEURE

« **La Nature ne nous enseigne-t-elle pas... ?** » (1 Cor. 11,14)

L'aigle est l'oiseau qui vole le plus haut dans le ciel. Il se bat pour le meilleur, il n'a pas peur du danger lorsque la tempête fait rage ; il n'est pas effrayé par la férocité mais bien au contraire, il fonce vers cet obstacle avec courage et bravoure. La tempête qui fait fuir les autres oiseaux est l'occasion pour l'aigle de révéler son identité et sa capacité.

Par une saine vue des choses, quand l'Éternel YHWH veut changer ton Nom ou te préparer à la gloire, Il te conduira dans certaines circonstances et certaines réalités qui ne te plairont pas. Sans contestation, le processus de notre changement passe par des chemins d'humiliation, d'épreuve, de combat et de rejet afin d'éliminer la puissance de notre passé, de détruire notre orgueil et de briser la force de notre espoir dans la chair. En vérité, ce n'est pas le rejet le problème, mais comment on le vit intérieurement.

Un vrai leader, un champion, un gagnant-potentiel a un esprit qui va au-delà de la limite. Mentalement, il est très fort et les critiques ne le dérangent pas ; au contraire elles le motivent encore plus.

Ce livre édifiant et tonique démontre que Dieu réduit à néant les effets dévastateurs du rejet. Notre Père a donné à ses enfants un moyen percutant d'en être délivrés. Le rejet des hommes te rend totalement dépendant de JÉSUS-CHRIST. Et lorsque la victoire sera au rendez-vous, tu te souviendras de celui qui t'a soutenu pendant tes moments de difficultés. Et cela te donnera la force d'avancer. Par la vertu du Saint-Esprit, tu peux tirer les meilleures dans une mauvaise situation.

INTRODUCTION

Avant d'être le titre d'un livre, Vaincre le rejet est avant tout une histoire vraie, celle de ma vie. Pour en avoir le cœur net, ce que j'ai vécu fait la lumière sur le véritable sens du rejet. J'ai vécu le rejet au vrai sens du mot.

Mais par la grâce de Dieu, **je l'ai vaincu**. Et ce livre est mon témoignage, le partage de mon expérience personnelle. Mon vécu, ce par quoi je suis passée et comment je l'ai surmonté grâce à Dieu. **Partager cette partie de ma vie s'accorde avec la vérité que déclarent les Saintes Ecritures.**

Il importe de bien comprendre que plusieurs personnes çà et là peuvent se retrouver dans ce que j'ai vécu dans mon existence. Et, mon témoignage par l'entremise de cet ouvrage te procurera une vie enrichissante à de nombreux égards. Vivre un sentiment qui te ronge et qui te détruit de l'intérieur est une expérience douloureuse. Les vécus des autres peuvent être une source de guérison.

Ce que tu es en train de traverser, quelqu'un d'autre l'a déjà traversé avant toi. Ce que tu vis présentement, quelqu'un d'autre l'a vécu bien avant. J'ai connu une vie tumultueuse, agitée, marquée par des déchirures. Rejetée par les siens, accusée faussement par ceux de l'église, etc. Par l'appui du Saint-Esprit, j'ai appris que le chemin de la victoire par la foi passe aussi et souvent par la Croix, la Fournaise ou la Fosse aux lions.

En me lisant, tu peux t'armer potentiellement de **la foi qui permet d'affronter les grandes montagnes,** des bases solides et des vérités établies pour s'étendre et aller toujours loin. À cela s'ajoute des stratégies inspirées par l'Esprit de Dieu pour Vaincre du Rejet.

La sagesse n'est pas seulement le fait de tirer des leçons de ses propres expériences, mais surtout et aussi de tirer des leçons des expériences des autres. Avant que j'entre dans le vif du sujet, j'aimerai en avant-première révéler de manière succincte que mon témoignage te prépare à croire qu'il est possible de vaincre le rejet. C'est possible et c'est faisable !

PREMIÈRE PARTIE :

MES REJETS

« **L'inquiétude dans le cœur de l'homme l'abat** » (Proverbes 12 :25)

Le rejet, ce tourment qui réfracte plusieurs destinées. J'en étais complètement détruite et ruinée. J'en ai subi de diverses manières de la part de ma famille, de mes amis, de mes proches, de mes relations amoureuses, etc. J'étais toujours triste, dépressive, renfermée sur moi-même. Je vivais dans le dégoût. Je ne supportais plus l'approche de nouvelles personnes dans ma vie de peur d'en être plus encore victime. Je restais donc dans mon coin, sans parler aux gens. Avec le temps, j'avais encaissé beaucoup de blessures et de douleurs qui m'ont ralentie dans l'accomplissement de ma destinée.

Le rejet dans ma propre famille

« Ce sont des hommes de grandes destinées qui connaissent plus de combats. »

Mon père, d'heureuse mémoire, n'est plus de ce bas monde. Il était une merveilleuse personne, un père extraordinaire qui m'aimait énormément ; contrairement je dirais de ma mère qui semblait moins m'aimer, pas beaucoup en tout cas. Elle démontrait et donnait trop d'affection à ma jeune sœur, celle qui vient juste après moi...

La marge d'affection témoignée à l'une et à l'autre était très remarquable, surtout très déséquilibrée à mon désavantage, et j'en souffrais profondément.

Tous ces actes répétés ont nourri au fil du temps en mes sœurs une sorte d'irrespect vis-à-vis de ma personne, l'estime n'y était plus. C’est donc dans ma propre famille, restreinte de surcroit, que je subissais pour la première fois des rejets. Ceci avait cassé la considération de mes sœurs à mon égard, au point où elles dédaignaient désormais mes conseils alors que je tentais souvent de les leur prodiguer.

De son vivant, mon père n'était vraiment pas trop présent d'habitude à la maison à cause de son travail. Ce qui faisait qu'il ne restait pas souvent avec nous. Je me souviens d'ailleurs, que parfois je lui parlais à travers des lettres lorsque je ne pouvais pas le voir parce que souvent il rentrait tard la nuit et que je dormais déjà. Et dans mes lettres, généralement je me plaignais du comportement de ma mère vis-à-vis de moi. En effet, elle était trop dure envers moi. Surtout lorsqu'il s'agissait de ses affaires.

Lorsque j'ai été en âge de me marier, et qu'un homme vint chez nous pour m'épouser ; ma mère s'était prononcée contre à cause soit disant de l'appartenance tribale de la famille dudit homme. Mais quelque temps plus tard, la même famille revenait cette fois épouser ma jeune sœur. Et cette fois-là ma mère approuva leur mariage ; pourtant elle était catégorique lorsqu'il s'agissait de moi. Pour moi c'était un « non » sans moindre issue de dialogue. Mais heureusement devrais-je le dire, au tour de ma jeune sœur ma mère donnait son « oui ».

Le rejet dans mes relations

« Le degré de ton élévation détermine le degré du combat que tu vas traverser (livrer) dans la vie, autant que la grâce et la puissance de Dieu se manifestent dans ta vie, autant tu dois t'attendre à ce que le combat arrive. »

Le rejet, loin de le subir dans ma propre famille, me poursuivit dans mes autres relations, avec mes amis, à l'école, dans le quartier et même à l'église. Malgré mes façons et mes intentions de vouloir bien faire les choses vis-à-vis des autres, le retour était généralement négatif. C'était de l'ingratitude en retour, des critiques, des calomnies, des fausses accusations, aussi de la jalousie de par mon talent de chant que plusieurs admiraient alors que je l'exerçais. Le rejet était pointu, de part et d'autre, et j'en pleurais.

Après avoir subi des rejets dans presque tous les milieux que je côtoyais, d'abord dans ma famille. Le rejet s'amplifia encore avec la naissance de mon premier fils, né handicapé. Mariée jeune, après ma première maternité, je ne savais pas que j'avais mis au monde un enfant avec un handicap. Les premiers jours après sa venue au monde je le voyais bavait, pour moi c'était normal pour un bébé. Mais hélas !

Essorée par les mépris et souffrances émotionnelles, je ne supportais plus, je ne savais plus tenir dans mon mariage, j'étais obligée de partir. Je rentrais donc en famille mais dans un autre pays. Malheureusement là-bas encore j'ai été rejetée, par ma propre famille. Ils ne supportaient pas la présence de mon enfant, du fait qu'il était handicapé. Quand il marchait, il titubait et tombait de lui-même. Il ne pouvait pas tenir longtemps débout. Ce problème me rongeait et chagrinait beaucoup.

Les regards bizarres des gens se dessinaient à chaque vue de mon fils ; semblaient-ils se demander comment une jeune fille de ma carrure et de mon aisance pouvait bien avoir de tels problèmes dans sa vie. Pour certains, c'était la punition pour mes péchés. Pour d'autres, j'étais carrément sous une malédiction ou victime de la sorcellerie de ma famille. Chacun avait son point de vue là-dessus.

Un peu plus tard, je me souviens bien d'une église où je suis allée une fois ; la femme du pasteur remarquant l'état physique et mental de mon enfant me disait : « **Ceci est la conséquence des méfaits dont tu as été auteure et des problèmes que tu as occasionnés dans la vie** ». Je me rappelle autant de ces maisons qui ne m'ont pas été hospitalières car sans le dire peut-être ouvertement, pour elles mon enfant était de mauvais augure, sa présence semblait souiller leur territoire. On dirait que je dégageais la malédiction.

Le temps filant, les circonstances changeant et la grâce agissant, je ne bénirai jamais assez le Seigneur pour la restauration de mon fils. Beaucoup de ceux qui l'ont connu dans le passé ne le reconnaissent d'ailleurs plus maintenant - car le Bon Dieu a fait des merveilles. Ce que l'ennemi croyait avoir détruit, le Seigneur nous a démontré sa puissance qui toujours agit et restaure. Ainsi il est écrit : « **Le voleur ne vient que pour dérober, égorger et détruire ; moi, je suis venu afin que les brebis aient la vie, et qu'elles soient dans l'abondance** » (Jean 10 : 10).

Le rejet, une arme dont le diable se sert

Le diable cherche à détruire votre destinée. N'étant pas omniprésent, que fait-il donc ? Il influence certaines personnes en corrompant leurs cœurs et les dresse contre vous. C'est ainsi souvent en aval, vous serez surpris de constater comme par enchantement quelques personnes avec qui vous entretenez des paisibles relations changer soudainement, vous rejeter tout à coup sous divers prétextes, car le diable les aura déjà en amont influencés. Chaque fois que vous serez rejeté, dites-vous que c'est le diable qui cherche à vous détruire. Simplement parce qu'il sait que **Dieu passe toujours par un homme pour bénir un autre homme.** Personnellement, je suis consciente que tous les rejets dont j'ai été victime ont été orchestrés par le diable pour détruire ma destinée.

Il y a dans le monde, des esprits, des hommes et des femmes qui complotent pour vous faire échouer et vous faire avorter vos projets et votre destinée par la suite. Vous pouvez être en bons termes avec les autres sans savoir qu'ils complotent contre vous et mijotent votre destruction. J'ai connu des amis qui faisaient semblant de m'aimer, alors qu'ils n'étaient à mes côtés que pour leurs propres intérêts matériels liés à ce que je pouvais leur apporter. Mais il me fallait le discernement pour comprendre qu'ils œuvraient plutôt pour le diable contre ma vie. Ils étaient ces pions que le diable utilisait pour m'espionner dans le but de me nuire. Au début, ils étaient gentils envers moi mais avec le temps, ils finissaient toujours par me décevoir. En réalité, ils étaient hypocrites et mal intentionnés. Veillez donc sur votre entourage et faites attention à vos relations !

Il est important que vous sachiez que tout le monde ne sera pas contre vous. Autant il y a des méchantes personnes, les bonnes existent aussi et œuvrent pour la gloire de DIEU. S'il y a des gens qui veulent vous détruire, il y en a aussi qui croient en vous et feront toujours de leur mieux pour vous propulser. D'où l'importance d'être divinement guidé dans les choix des personnes qui constituent votre entourage.

Dans Luc 6, Jésus a prié toute la nuit avant de faire le choix de ses disciples. Je voudrais attirer votre attention sur l'importance de toujours prier pour vos connexions, les personnes que vous rencontrez au quotidien.

Il y a des gens que nous rencontrons dans la vie qu'effectivement Dieu place sur notre chemin, ces personnes-là sont une bénédiction pour nous. Il y en a aussi que le diable suscite dans nos vies pour ternir notre marche. Ce sont des agents destructeurs de l'ennemi. J'ai rencontré ceux qui me détestaient pour rien, sans moindre raison apparente. A chaque fois que je faisais quelque chose de bien, que je réussissais dans une prestation ou dans un projet, certaines personnes me célébraient alors que d'autres avaient la rage et grinçaient les dents. Mes succès les dérangeaient énormément.

Eu égard à tout ce que j'ai vécu dans ma vie, je me suis toujours considérée comme Naomi. Celle qui avait tout perdu, son mari, ses enfants, etc. Et je me demande souvent pourquoi Ruth s'était-elle attachée à cette femme à la vie "amère" ? Si Ruth avait rejeté Naomi parce qu'elle serait insignifiante aux yeux humains, elle serait passée à côté de sa destinée. Naomi n'avait rien à donner à Ruth, sinon **l'Eternel son Dieu**, malgré sa situation désespérante.

C'est toujours une bonne chose d'avoir la révélation de toutes les personnes que vous rencontrez sur le chemin de votre destinée. **Ne faites pas la même erreur que ceux qui avaient rejeté Jésus sans savoir qui Il était.** Ces derniers sont passés à côté de la visitation divine. **La personne que vous rencontrez aujourd'hui peut être une réponse de Dieu à un problème donné que vous aurez demain.** Ayons le temps de prier pour savoir qui vient de Dieu et qui vient du diable. En tant qu'enfant de Dieu, nos comportements et réactions doivent être guidés par l'Esprit et non par la chair. Pour ainsi dire, nous devons être sensibles à la voix de Dieu.

J'ai fait mes études maternelles et primaires au Complexe Scolaire Cardinal Malula à Kinshasa, où j'ai aussi fait 2 ans d'études secondaires. Après, je suis allée poursuivre mes études à l'école Enodi : "L'Eternel notre Dieu ", dans la commune de Limete où j'ai grandi. Je suis issue d'une famille chrétienne protestante. J'ai donc grandi à l'église où je fus d'abord chantre et dirigeante de chorale ensuite. Je dirigeais la chorale des jeunes filles. Au fur et à mesure que je grandissais, j'excellais et brillais. Je me souviens pendant mes vacances chez mes grands-parents, on m'amenait dans des maisons des particuliers pour chanter.

Pendant mon cursus scolaire, je chantais pour diverses activités à l'école, à l'église ou ailleurs. J'étais beaucoup sollicitée pour chanter. Une autre chose dont je me souviens, c'est qu'à l'époque, nous devrions nous rendre au Kongo-Central, jadis appelé Bas-Congo, lors d'une excursion. Je ne pouvais pas y aller et l'abbé Ntoto qui nous encadrait, paix à son âme, fit tout pour que je m'y rende en envoyant des gens chez nous afin de convaincre mes parents. Grâce à mon talent de chantre, mon nom figurait dans les archives de mon école qu'on appelait à l'époque « l'œil de Molende ». Prenant de l'âge, j'ai quitté l'église de mes parents, l'église protestante, pour adhérer à l'église de réveil. Et c'est en 2012 que j'ai expérimenté la nouvelle naissance en JÉSUS-CHRST. En s'ouvrant à l'action de son Esprit, j'ai su le connaitre autrement et en profondeur. Gloire soit rendue à son nom.

J'ai subi le rejet dans ma propre famille et au-delà de ma famille, par mes proches. Ceux qui étaient censés m'aimer et me protéger m'ont rejetée. Ce rejet m'avait beaucoup affectée en s'amplifiant avec la naissance de mon enfant handicapé. J'ai vécu à ma manière ce que Jésus disait à ses disciples : « **Vous serez livrés même par vos parents, par vos frères, par vos proches et par vos amis et ils feront mourir plusieurs d'entre vous.** » (Luc 21 : 16).

Le Seigneur a jeté son regard sur la bassesse de sa servante

« Dans les pires tempêtes de nos vies, nous pouvons nous reposer sur l'œuvre accomplie de Jésus. »

Contre tous ceux qui m'ont rejetée, je ne me vengeais pas, et en aucun jour je le ferai. Selon que la Parole de DIEU nous le recommande : **« Je pardonne tout le monde »**. Je remercie le Seigneur de m'avoir donné le cœur de tout pardonner. Qu'Il continue à se glorifier dans ma vie.

Être rejetée par tout le monde, fait qu'une personne perde l'estime de soi. Elle croira vivre dans la bassesse et se sentira perdue. Le comble avec moi, je ne comprenais pas vraiment tous ces rejets que je subissais. Compte tenu de ce qui précède, Il a eu des répercussions très négatives dans ma vie : Je m'étais renfermée complètement. Je ne fréquentais plus les autres. En d'autres termes, la solitude était devenue mon lot quotidien. J'évitais tout contact avec mes proches pour vivre toute seule, c'était mieux comme ça me convainquais-je.

Ces moments de solitude m'ont permis de me rapprocher davantage de Dieu et chercher à connaître sa volonté pour ma vie, aussi les causes des problèmes que je vivais.

S'Il faut m'appuyer sur la richesse du texte biblique de Romains 8 :28, mon cœur est reconnaissant envers le Seigneur pour tous les rejets et les moments de solitude que j'ai connue dans ma vie. **Ces différents rejets ont contribué à l'accomplissement du plan de Dieu pour moi.** Ils m'ont aidée à atteindre, à arriver là où je devais arriver parce que pendant ces moments de solitude, j'ai été réellement en communion avec le Seigneur et j'ai pu connaître sa volonté pour ma vie. Il s'est révélé à moi, Il m'a donné des orientations et contrairement aux autres, Lui, il ne m'a jamais rejetée. Après tout ce qu'on comprend des expériences de la vie, il est donc important de ne pas tout prendre du mauvais côté. C'est là que **la Bible déclare : « Toutes choses concourent au bien de ceux qui aiment Dieu ».** Il y a des choses qui nous arriveront, on s'exclamerait que ce n'est pas normal ; mais avec le temps, nous nous rendrons compte que c'est un chemin qui nous amènera à notre grande bénédiction, qui nous amènera là où Dieu veut que nous soyons. Plusieurs personnes ont certainement médité de me faire du mal, mais Dieu l'a changé en bien. (Genèse 50 :20).

Je suis une femme heureuse et comblée. Je remercie le Seigneur d'être passée par ces rejets, car ils m'ont forgée, ils m'ont beaucoup appris sur moi-même, sur les autres et sur Dieu. Et j'en suis aiguisée. Je peux dire que c'était **une école de Dieu** pour moi. Ne prenons pas tout du mauvais côté. Je suis la bienheureuse, le Seigneur a jeté son regard sur la bassesse de Sa servante et je suis aujourd'hui la bienheureuse, parce que je suis une source de bénédictions pour plusieurs. **Le Seigneur m'a restaurée !** Mon enfant handicapé est guéri en JÉSUS-CHRIST. Personne ne peut reconnaître cet enfant qui autrefois était une référence Négative quand il fallait m'identifier. Il suffisait juste de dire : "la fille avec un enfant à problèmes".

C'est pourquoi j'aimerai encourager quelqu'un, malgré cette mauvaise situation que vous pouvez traverser, **Dieu peut faire de vous une personne utile, une source de bénédiction pour plusieurs.** Pour moi, ce qui est passé est passé, ce sont des événements passés. Selon il est écrit : "Ne vous souvenez plus jamais des événements passés" (2Cor.5 :17).

Je ne me torture plus avec. J'ai pardonné et par la grâce de DIEU, je suis passée à autre chose. Car l'heure d'expérimenter les Cantiques 3 :11-13 est arrivée !

Je sais pertinemment et je le crois vivement que le Seigneur m'amène de gloire en gloire. Le but ultime en écrivant ce livre, c'est de t'encourager, peut-être que tu traverses des moments périlleux. Je te conjure à garder la foi en Dieu quelles que soient les circonstances.

Dans le chapitre qui suit, je projette partager des secrets divins pour vaincre le rejet. Quelle que soit le poids que ce qu'on a connu comme rejet, il est possible de se relever et d'être guéri de ses douleurs et de ses blessures intérieures. Le plus grand drame dans la vie, ce n'est pas être rejeté par ceux de ta famille, par votre épouse ou époux, par votre pasteur ou les membres de votre communauté chrétienne, etc. ; mais plutôt, **c'est**

être rejeté par Dieu. Il est impératif de garder à l'esprit qu'en dépit du fait que la majorité de gens te rejettent, si Dieu est à tes côtés : C'EST LA MAJORITÉ ! Cette vérité est visible sur les pages de la BIBLE.

J'aimerai dire à quelqu'un, si tu n'as personne et que tu as tout perdu, accroche-toi au Seigneur. Il y a une histoire dans la BIBLE dans Jean 5 :16, à la piscine de Bethesda se trouvait un malade depuis trente-huit ans qui attendait être divinement guéri, il a reconnu devant le Seigneur : « **JE N'AI PERSONNE** ». (V7). Reconnaitre ses incapacités, ses faiblesses devant le Seigneur est un grand pas pour expérimenter ses faveurs exceptionnelles.

C'est vrai que sur le plan humain j'avais tout perdu, mais sur le plan spirituel, j'avais bénéficié de la

PRÉSENCE CONTINUELLE et PERMANENTE du Seigneur.

Le fait d'être occupée par la Parole du Seigneur, en méditant la bible voulant sonder la profondeur de la connaissance de sa Parole m'a conduite à l'Institut Biblique Théologique de Dortmund, l'IBTD en sigle où le Dr. Kany wa Kany est le Directeur. M'attacher à Dieu, accepter de le suivre, pensant à lui, à son amour parfait, à son œuvre à la croix, tout cela a apporté à mon cœur joie, force, consolation, et maturité.

« Mon âme est attachée à toi, Ta droite me soutient. » Ps. 63 :8

M'attacher au Seigneur, à l'instar de Ruth aux pieds de Naomi, a fait que Dieu a récompensé ma foi. Selon que la bible nous dit : **« Que Dieu honore ceux qui l'honorent » (1 Samuel 2 :30).** Les appétits des gens foncièrement méchants étaient d'exploiter mes faiblesses en me présentant sous un mauvais jour au su et au vu de tous. De détruire ma crédibilité et d'anéantir tous mes efforts, et me voir aller au-devant de grands ennuis. J'ai revu mes prétentions à la baisse. J'ai connu des échecs et des écueils. Mais, comme Job exprima sa foi en plein milieu de la tempête, je savais que **mon Vivant Rédempteur se lèvera le dernier.** (Job 19 :25).

En cette période troublée, **le découragement de ceux du dehors n'a pas pu vaincre la grâce de Dieu en moi.** Car j'étais l'objet des soins providentiels de Dieu. J'ai toujours été repoussée, méprisée, dénigrée et mise à l'écart dans ma vie, en famille, en amour comme en amitié, sans cause. Remplie de blessures intérieures, je n'avais plus d'estime de soi. J'étais toujours triste, seule, isolée, en diminution de confiance et en dépression. Mais Dieu s'est souvenu de moi et à jeter ses yeux sur la bassesse de sa servante.

« A ta naissance, au jour où tu naquis, ton nombril n'a pas été coupé, tu n'as pas été lavée dans l'eau pour être purifiée, tu n'as pas été frottée avec du sel, tu n'as pas été enveloppée dans des langes. Nul n'a porté sur toi un regard de pitié pour te faire une seule de ces choses, par compassion pour toi ; mais tu as été jetée dans les champs, le jour de ta naissance, parce qu'on avait horreur de toi. Je passai près de toi, je t'aperçus baignée dans ton sang, et je te dis : Vis dans ton sang ! Je t'ai multipliée par dix milliers, comme les herbes des champs. Et tu pris de l'accroissement, tu grandis, tu devins d'une beauté parfaite ; tes seins se formèrent, ta chevelure se développa. Mais tu étais nue, entièrement nue. Je passai près de toi, je te regardai, et voici, ton temps était là, le temps des amours. J'étendis sur toi le pan de ma robe, je couvris ta nudité, je te jurai fidélité, je fis alliance avec toi, dit le Seigneur, l'Eternel, et tu fus à moi. Je te lavai dans l'eau, je fis disparaitre le sang qui était sur toi, et je t'oignis avec de l'huile. Je te donnai des vêtements brodés, et une chaussure de peaux teintes en bleu ; je te ceignis de fin lin, et je te couvris de soie. Je te parai d'ornements ; je mis des bracelets à tes mains, un collier à ton cou, je mis un anneau à ton nez, des pendants à tes oreilles, et une couronne magnifique sur ta tête » (Ezéchiel 16 : 4-14).

Je peux alors conclure qu'ils avaient médité de me faire du mal, mais Dieu l'a changé en bien pour accomplir ce qui arrive aujourd'hui, pour sauver la vie à un peuple nombreux (Genèse 50 :20). J'épouse la pensée d'un saint homme de Dieu qui disait **: « Sachez que chaque action posée contre toi définie la valeur**

et la grandeur de l'onction que DIEU a déposée en toi ».

DEUXIÈME PARTIE :

SECRETS DIVINS

A son essence, le rejet est un sentiment de ne pas être désiré, ne pas être aimé alors que nous le désirons. C'est lorsque l'on désire s'intégrer dans un groupe et que l'on s'en sent exclu. Christiane YEREMIAN dans son livre GUÉRIR DU REJET, révèle que Le sentiment de rejet désigne un état de souffrance émotionnelle lié à des situations objectives et subjectives dans lesquelles on se sent mis de côté, jeté au loin. C'est un profond sentiment d'être indésirable, mis de côté, écarté, abandonné, sans valeur. Sans contredit, Le rejet est un sentiment terrible que beaucoup d'enfants de Dieu connaissent sans parfois en être totalement guéris. Puisque cela peut provoquer de graves blessures très difficiles à cicatriser, j'ai eu à cœur d'encourager quelqu'un qui le subit comme je l'ai autant vécu personnellement.

La bible nous dit dans Psaumes 147 :3 : **"Il guérit ceux qui ont le cœur brisé et panse leurs blessures".** Les enfants de Dieu vivent aussi le rejet de la part de leurs amis et de leurs familles. La bible nous dit dans Marc 6 :4 : « **Mais Jésus leur dit: Un Prophète n'est méprisé que dans sa patrie, parmi ses parents et dans sa maison** ». Puis le Psaumes 27 :10 complète en disant : « **Car mon père et ma mère m'abandonnent mais l'Eternel me recueillera** ».

Jésus fut rejeté

Dans Luc 13 :34 Jésus a lui-même exprimé sa douleur sous le rejet subi. Il a été rejeté par les hommes, il sait ce que l'on ressent. La bible nous dit dans Esaïe 53 :3 : « **Méprisé et abandonné des hommes, homme de douleur et habitué à la souffrance, semblable à**

celui dont on tourne le visage, nous l'avons dédaigné, nous n'avons fait de lui aucun cas ».

Ayant aussi été rejeté, Jésus peut comprendre ce sentiment de vide, cette souffrance que vous portez et il peut vous guérir de ça. La bible nous présente Jésus comme l'homme rejeté partout.

Le rejet qu'il a subi avait pour origine la méchanceté des hommes

- Avant sa naissance Joseph, le fiancé de Marie envisage de rompre à cause de lui. (Matthieu 1).
- Venu au monde, il fut pourchassé par Hérode et obligé de fuir en Egypte. (Exode 2).
- A douze ans, il est confronté à l'incompréhension de ses parents. (Luc 2).

- Dès le commencement de son ministère, il est contesté par les autorités de l'époque lorsqu'il leur dévoilait sa personne et sa mission dans la synagogue. (Esaïe 61 :1).
- Rejeté par certains de ses propres disciples qui préfèrent le quitter et vivre selon leurs désirs. (Matthieu 26 :56).
- Il est rejeté par les responsables religieux pharisiens, les scribes et les anciens de la nation d'Israël. (Luc 9 :22 ; Luc 17 :25).
- Il est trahi par Juda. (Actes 1 :16).
- Rejeté lors de son procès par tout le peuple qui préfère Barabbas, un criminel. (Matthieu 27).
- Il est rejeté, renié par Pierre, l'un de ses disciples le plus proche. (Jean 18).

- Enfin sur la croix, abandonné par son propre Père, il meurt dans la solitude intérieure totale. (Marc 15 :34).

Jésus ayant subi le rejet total peut comprendre notre sentiment.

Etre Ruth aux pieds de Naomi

- Se confier aux saints hommes de Dieu selon 2 Chroniques 20 :20.
- Ruth a réussi grâce à sa fidélité au Dieu de Naomi, devenu aussi son Dieu.
- Elle accepte des conseils d'une personne âgée par un choix sage.

La bible dit : « **Confiez-vous en l'Eternel votre Dieu et vous serez affermis ; confiez-vous en ses prophètes et vous réussirez** ». J'ai eu aussi à rencontrer des gens comme Naomi. Des hommes de Dieu en qui je me suis confié, qui m'ont prodiguée des conseils, qui m'ont encouragée, qui m'ont conseillée. Malgré le rejet des uns, Dieu a mis des gens sur mon chemin pour m'orienter et m'aider. En me confiant à eux, j'ai eu le soutien et des directives. Je prie que Dieu mette des Naomi sur ton chemin. De bonnes personnes pour t'aider à accomplir ta mission, au Nom de Jésus !

Laisser tout entre les mains de Dieu

Parce que Jésus a porté lui-même nos blessures à la croix, Jésus nous encourage à décharger nos lourds fardeaux à ses pieds. Il veut nous guérir des blessures causées par le rejet. Il ouvre grandement ses bras pour nous bénir et nous consoler. Laisse-le vous remplir, toi qui manque d'amour, toi qui es rejeté. Laisse Dieu devenir ton meilleur ami, celui qui ne te trahira jamais.

De plus Jésus ne t'abandonnera pas, toi qui es délaissé. (Ps. 94 :14).

Alors que tu endures le rejet, Dieu vient te fortifier personnellement aujourd'hui car tu es une couronne splendide dans sa main (Esaïe 62 :3-4). J'ai fait de même, j'ai laissé tout entre les mains de Dieu selon 1 Pierre 5 :7.

La grâce de Dieu, source de l'extension de nos limites

Jacob a pensé toute sa vie n'être qu'un voleur, un trompeur, un escroc ; jusqu'au jour où Dieu déclara qu'il était un champion, un vainqueur (Genèse 32 :28). Simon veut dire instable, inconstant, a aussi vécu une vie d'inconstance, certainement influencé par ce que les autres disaient de lui et ce qu'il pensait de lui-même.

Mais le jour où Jésus le vit, il l'appela "Pierre" dans Jean 1 :42. Ce qui signifie "Roc", solide ou consistant.

Le Seigneur l'appela ainsi par son potentiel caché et non par ce que les autres voyaient. De même Dieu appelle Gédéon par son potentiel alors que lui-même se considérait comme médiocre, pauvre, complexé, timide, lâche et incapable d'accomplir un seul exploit. Gédéon appartenait à la moins considérée de toutes les tribus d'Israël, à la moins considérée des familles de cette tribu et dans sa propre famille. Il était le moins considéré, le plus petit et certainement le plus rejeté de tous (Juges 6:15). Malgré cela, Dieu vit en lui un vaillant héros, un homme de valeur. Et lorsqu' il crut à ce que Dieu dit de lui, il devint un puissant héros qui fit des exploits avec Dieu parce qu'il crut et confessa sur lui et sur son peuple ce que l'Eternel lui déclara.

Je vivais dans le rejet et j'avais la certitude d'être un échec vis-à-vis de la société. J'étais remplie d'amertume, de désespoir. Je succombais tout le temps dans la dépression mais la grâce a pris en charge mes insuffisances et Luc 1 :48 a résumé ma vie et me révèle dans la gloire.

« Parce qu'Il a jeté les yeux sur la bassesse de sa servante. Car voici, désormais toutes les générations me diront bienheureuse. »

- **Tu es celui que Dieu dit que tu es, pas ce que disent les hommes**

Dieu nous connait mieux que personne. Tu dois savoir que devant Dieu, tu existais avant ta naissance et qu'il te connaissait déjà et en particulier (Jérémie 1 :5). **Ta naissance n'est que le jour de votre manifestation.** Tes parents sont comme des postiers, ils t'ont déposé sur terre. Que tes parents aient ou n'aient pas voulu t'avoir, saches que Dieu a décidé de t'envoyer sur terre pour accomplir ses desseins. Il n'y a pas d'accident dans tout ce qui t'est arrivé. Il est futile de rappeler que ta vie n'a de sens qu'en fonction des plans divins. Tu existes pour un but divin. En effet, tu as le pouvoir de choisir Tout ce qui a été dit au fait sur toi impacterait positivement ta vie si et seulement si tu choisis de le garder dans ton esprit.

Tu changes cette image de toi en commençant par écouter, par accepter, et par confesser quotidiennement ce que Dieu lui-même ton Créateur dit à ton sujet. Le fait que tu sois sur terre prouve à suffisance que tu es déjà un champion, dès ton arrivée sur terre. Dieu n'est pas intimidé ni par ton passé, ni par tes mauvaises performances. Il n'a pas dit son dernier mot à ton sujet. Tu es l'ouvrage que Dieu construit (Ephésiens 2:10).

- **Attitudes à adopter face au rejet**

Ce n'est pas le fait d'être rejeté par les autres qui te cause vraiment du tort, c'est plutôt ta manière d'interpréter ce rejet. David a été rejeté par ses frères lorsqu' il est venu leur apporter à manger sur le champ de bataille (1 Samuel 17 :28). Mais il s'est réfugié en l'Eternel.

Dieu peut nous combler :

- Chassez toutes mauvaises pensées et ne laissez plus l'ennemi dicter votre vie.
- Faites un travail sur vous-mêmes de façon à accepter l'amour de vos proches.

- Méditez la Parole de Dieu et confessez des paroles positives sur votre vie.
- Ne vous isolez plus, entourez-vous des frères et sœurs en Christ. Sortez et partagez de bons moments.
- Gardez toujours en tête que vous n'êtes jamais seul. Dieu est à vos côtés et ce, jusqu'à la fin des temps.
- Demandez à Dieu de vous guérir des blessures de votre cœur. La parole de Dieu contient les paroles d'amour et de réconfort. Vous pouvez méditer ces quelques textes : Sophonie 3:17, Proverbes 8:17 et Jérémie 31:3. Chacun d'entre nous avons hérité de l'amour de Christ. Si Jésus avait voulu se sacrifier pour une seule et unique personne, Il

l'aurait fait. Même si le monde vous rejette, sachez que Dieu ne le fera jamais. C'est un refuge, une aide, un soutien que nul ne pourra vous ôter.

- Il faut conditionner votre esprit tout en sachant que vous n'êtes pas le premier à connaitre le rejet. Il y a d'autres personnes avant vous qui ont aussi connu le rejet et ils en sont sortis victorieux par la grâce de Dieu.

Comprendre que l'on a une grande valeur devant Dieu

Une personne qui te rejette est une personne qui ne sait pas discerner, apprécier et reconnaitre ta valeur. Il ignore ce que Dieu a mis en toi.

Tu as forcément une grande valeur au dedans de toi. Même si elle n'a pas encore été exprimée. Prétendre le contraire équivaudrait à dire que Dieu t'a mal façonné. Alors que la bible déclare que lorsqu'Il créa l'homme, nous tous y compris, Dieu s'était réjoui et Il vit que cela était très bon. Il avait dit cela après t'avoir créé à son image et à sa ressemblance.

Même si ta valeur n'est pas encore manifestée, elle demeure néanmoins réelle. Une graine a juste besoin d'une personne qui la plantera dans une bonne terre, un environnement adapté qui permettra son éclosion. En ce qui te concerne, tu as simplement besoin de te retrouver dans un environnement positif, d'encouragement et de stimulation. Et tu constateras une nette différence.

Quelqu'un sur cette terre a besoin de toi. **Tu es la réponse à une question et la solution à un problème ici-bas.**

Tu as quelque chose à offrir à beaucoup d'autres dans le monde. Ils ont besoin de **ce que tu es, de ce que tu as et de ce que tu fais, pour la gloire de Dieu.** Jésus avait la vie éternelle à offrir aux morts spirituels, la délivrance aux captifs, la guérison aux malades, la joie aux personnes rejetées, la richesse aux pauvres, l'abondance à ceux qui sont dans la disette, l'espérance aux désespérés et un but aux milliers de personnes errantes en quête d'identité et de sens à leur existence sur terre. Dieu nous a chargés, toi et moi, de proposer de même à ce monde. Est-ce que l'on se rend compte de cela ?

Malgré cela, nombreux viennent également à lui aujourd'hui pour recevoir par la foi ce qu'Il a à offrir. Si une personne te rejette, c'est qu'il n'a pas su découvrir ta valeur. N'en fais pas un drame parce que vous avez de la valeur devant Dieu (Esaïe 43 :4). Ne te sous-estime pas. Tu es sa créature, celle pour laquelle Il a consacré plus de temps et d'attention parmi toutes celles qu'Il a créées dans tout l'univers - tu as de la valeur.

- **Quand le monde te rejette, Jésus est notre modèle**

Faisons toujours du bien à l'exemple de Jésus. Jésus n'agissait pas en fonction du rejet ou de l'acceptation des autres. Il suivait les directives de l'Esprit. Nous devons apprendre à suivre notre Jésus ; qu'on nous accepte ou pas. Le monde est rempli de gens qui ont faim, qui souffrent et désirent tant soit peu le moindre geste d'amour ou d'encouragement de notre part. Aussi lorsqu'une personne nous rejette, n'arrêtons pas de faire du bien. Faisons comme Jésus, poursuivons, et continuons à faire du bien, jusqu'à ce que nous trouvions quelqu'un qui accepte ce que nous avons à lui offrir. **Jésus à continuer de venir en aide aux autres, de manifester de l'amour malgré le rejet. Sur la croix, Il a même demandé au Père de pardonner à ceux qui lui ont fait du mal** (Luc 23 :34).

- **Ne pas prendre tout du mauvais côté**

J'ai vu de nombreuses vies radicalement transformées non pas de façon temporaire, ni superficielle mais de manière radicale. **La solution de Dieu à chacun de nos problèmes découle de la croix.**

La croix représente l'endroit où Dieu a procuré la solution à tous nos problèmes et c'est là qu'Il a traité ce problème spécifique de rejet.

Dieu a réuni sur Jésus tout le mal afin que nous recevions aussi tous les biens en Lui.

- Jésus a été puni pour nos pêchés afin que nous puissions être pardonnés.
- Jésus a été meurtri pour nos maladies afin que nous puissions être guéris.
- Jésus est devenu pauvre à notre place afin que nous puissions recevoir la richesse.
- Jésus est mort à notre place pour que nous puissions recevoir la vie. Dans Esaïe 53 :3 il est dit : " Homme de douleur et habitué à la souffrance…''.

Jésus n'avait rien fait, Il a passé tout son temps à faire du bien, mais on l'a rejeté. Ils ont dit : « A bas Jésus. Crucifiez-le ! Nous ne voulons pas de lui ». Il a même dit sur la croix : « Mon Père, mon Père, pourquoi m'as-tu abandonné ? » Mathieu 27 :46. Et à cela le ciel n'a pas donné de réponse. Pour la première fois dans l'histoire de l'univers, le Père a fait le sourd à l'appel de son Fils. Tout cela pour notre bien. Ne prenons pas tout du mauvais côté.

D'autres choses sont pour notre bien et pour que la gloire de Dieu se manifeste. La bible nous dit : **« Tout concourt au bien de ceux qui aiment Dieu, de ceux qui sont appelés selon son dessein. »** (Romains 8 :28). Je dirais comme avec Joseph, qu'ils ont méditaient de me faire du mal mais Dieu l'a changé en bien. Si je n'étais pas rejetée, je ne serais pas allée loin avec le Seigneur. Je n'allais pas fournir des efforts que j'ai fournis. Je n'allais pas chercher à me découvrir. Vous ne seriez pas en train de me lire comme vous le faites maintenant. Je ne serais pas une femme cherchant Dieu de cette façon, ni une femme de foi.

Le rejet m'a aidée à m'approcher de Dieu et à faire des exploits avec mon Dieu (Psaumes 60 :12), **à rester en intimité avec Dieu, à ne voir que lui dans ma vie et à ne compter que sur lui.**

Ø Ne prend pas tout du mauvais côté. Dieu contrôle toutes choses. Tout ce qu'Il fait dans l'univers, tourne autour de toi.

Ne pas exercer notre propre justice

Notre propre justice est souillée si elle persiste dans la haine et dans la rancune contre ceux qui nous ont fait du mal. Il faut remettre à Dieu cette justice pour être dans la paix. Deutéronome 32 :35 nous dit : **« A moi la vengeance, à moi la rétribution ».**

« Ne vous vengez point vous-mêmes, bien-aimés, mais laissez agir la colère ; car il est écrit : A moi la vengeance, à moi la rétribution, dit le Seigneur. » Romains 12 :19

Il y a des siècles passés quelqu'un a dit : **« Défaites-vous de l'amertume, du ressentiment, de la haine et de la rébellion. Vous appartenez à la meilleure famille car le sang royal coule dans vos veines ».**

Ø Laissez Dieu agir, il sait très bien le faire

Sa présence, mon lieu de refuge

Psaumes 9 :9 ; 46 :1 « **L'Eternel est un refuge pour l'opprimé, un refuge au temps de la détresse**. »

; « **Dieu est pour nous un secours qui ne manque jamais dans la détresse** ». Christ est le refuge vers lequel les âmes peuvent courir pour se mettre en sécurité. D'autres peuvent se vanter de leurs grandes armées et de leurs armes de guerre, mais notre force et notre aide, à nous chrétiens, se trouvent dans le Seigneur.

Il n'y a aucune sécurité dans ce monde ou dans les choses de ce monde. Dieu seul peut nous aider dans sa présence à dépasser les situations de rejet subies de par les étapes et périodes que l'on a traversées chemin faisant. Pendant mes temps difficiles je n'avais pas quitté la présence de Dieu parce que la présence de Dieu était ma force. Beaucoup de chrétiens ont des difficultés à sortir la tête des problèmes quotidiens qui les comblent parce qu'ils n'éprouvent pas la présence de Dieu.

La communion avec le Seigneur est douce. Ce n'est pas un sentiment passager. Elle nous maintient forts et débout dans la foi alors que nous faisons face au rejet. La bible nous dit dans Néhémie 8 :10 **: "Car c'est la joie de l'Eternel qui fait notre force".** Avec la présence de Dieu, nous expérimentons l'ordre divin, nous connaissons la paix et le calme sans crainte, sans courir dans une direction quelconque. Sachant que Dieu tout est entre les mains de Dieu - et qu'Il contrôle tout. Retenons que la présence de Dieu est notre refuge et que son Esprit est notre consolateur.

- **M'approcher de Dieu, c'est mon bien**

« Pour moi, m'approcher de Dieu, c'est mon bien : Je place mon refuge dans le Seigneur, l'Eternel, afin de raconter toutes tes œuvres. » Psaumes 73 :28

Il est important d'être déterminé à ne pas nous éloigner de Dieu. Car il y aura toujours des vents contraires qui chercheront à nous faire dévier de nos objectifs divins. La vie n'est pas toujours facile. Dans Job 22 :28 il est dit : **« A tes résolutions répondra le succès, sur tes sentiers brillera la lumière ».** Restons fermement attachés au Seigneur car rien d'autre ne pourra satisfaire notre cœur et nous combler parfaitement de bonheur et de joie pendant le rejet que sa présence.

Dieu ne déçoit jamais ceux qui s'approchent de lui. Il n'est pas non plus insensible à l'espérance que son peuple porte sur lui. Restons dans un état de proximité avec Dieu parce que notre bonheur en dépend. Notre vie entant que chrétiens est une guerre sans merci. Aussi longtemps que vous vous tiendrez près de Dieu, vous obtiendrez la force de vaincre. En étant loin de Dieu, nous serons sans force de vaincre et à la merci de l'ennemi. Nous devons apprendre à le reconnaitre.

Rester proche de Dieu m'a aidé à surmonter mes difficultés. Je pouvais ressentir la force et la sécurité auprès de mon Dieu. Il y a des gens qui résolvent leurs problèmes et qui cherchent à trouver de solution loin de Dieu. C'est pourquoi nous remarquons des cas de suicide battre le record, de stress et autres vices s'accentuer dans la société. Mais si vous vous approcher de Dieu, vous ne sentirez pas le poids de vos problèmes et de vos difficultés ; parce que Yahweh votre Dieu vous donnera la force comme jamais vous n'en avez expérimenté (Psaumes 28 :7).

- **Il fait ce qu'Il veut**

« Mais Dieu a choisi les choses folles du monde pour confondre les sages ; Dieu a choisi les choses faibles du monde pour confondre les fortes ; et Dieu a choisi les choses viles du monde et celles qu'on méprise, celles qui ne sont point, pour réduire à néant celles qui sont, afin que nulle chaire ne se glorifie devant Dieu. » (1 Corinthiens 1 :27-29).

Dieu se sert des instruments les plus faibles pour accomplir ses plus glorieux desseins. En examinant minutieusement les écrits sacrés, on a la lumière sur la formidable intelligence de Dieu dans son agir. Dieu se sert des instruments les plus faibles pour accomplir ses plus glorieux desseins. Qui aurait cru qu'un David sans expérience militaire pourrait terrasser à l'oubli Goliath, le géant philistin avec une pierre ?

Ici donc ce que la sagesse infiniment variée de Dieu nous apprend, les victoires de Dieu sont par les instruments que l'homme a plus rejetés et méprisés. En d'autres termes, les hommes s'imaginent que l'on peut arriver à de grandes fins que par de grandes mains, telles ne sont pas la volonté de Dieu. Même si vous êtes faible, ou que vous croyez être rien, rejeté ou encore abandonné, même si les gens croient qu'il n'y a rien de bon qui puisse sortir de vous et que c'est fini pour vous, souvenez-vous de ce que la bible dit dans 2 Corinthiens 12 :9, sa puissance s'accomplit dans la faiblesse. Dieu n'a pas encore dit son dernier mot dans votre vie.

Dieu se sert des moyens infiniment variés pour accomplir ses insondables desseins.

Il fait ce qu'Il veut

Bien que j'étais déjà rejetée, mal-aimée, faible, fatiguée etc., il y a eu un autre problème qui s'ajoutait dans ma vie, celui d'avoir un enfant handicapé. Comprenez que j'ai erré de rejet en rejet. J'aimerais dire à quelqu'un que tout problème dans la vie ne pas forcément conséquence du péché ou d'une malédiction. Il y a des choses qui arrivent dans nos vies juste pour faire éclater la gloire de Dieu (Jean 9 :2-3).

Dieu a utilisé l'apôtre Paul pour sa gloire. L'apôtre Paul a prié 3 fois le Seigneur pour lui ôter l'écharde dans sa chair ; mais le Seigneur lui répondit : « Ma grâce te suffit car ma puissance s'accomplit dans la faiblesse... » (2 Corinthiens 12). Au lieu de lui retirer l'écharde, Dieu lui rappelle sa grâce et sa force. Ce qui m'amène à dire que chacun a son expérience et chacun a sa mission. Moi, je ne suis pas vous et vous, vous n'êtes pas moi. Il y a d'autres choses qui n'ont aucun fondement spirituel. C’est juste une réalité normale dans la marche de l'homme sur terre. N'oublions pas ce que la bible dit dans Lamentations 3 : 38 : « N'est-ce pas de la volonté du Très-Haut que viennent les maux et les biens ? »

Alors célébrons Dieu pour tout sans oublier que vous pouvez être “un imprévu des hommes“ mais prévu de Dieu". Parce que Dieu est capable de voir même une prophétesse dans une prostituée et un grand prédicateur dans un handicapé. Je remercie le Seigneur pour ce qu'il a fait dans la vie de mon enfant que vous ne pourrez pas reconnaitre aujourd'hui, si jamais vous l'aviez connu dans le passé.

Ce n'est pas toi qui es rejeté

J'ai commencé à subir le rejet dans ma propre famille, comme je le répète souvent dans ce livre. Le diable combat notre destinée, celle-ci étant la mission divine à laquelle Dieu nous attachée. D'où, renverser la destinée c'est stopper le cahier de charges de Dieu. Pourtant, le plan de Dieu ne peut jamais échouer ; c.à.d. comme avec Paul dans Actes 27, malgré les obstacles, nous arriverons à destination parce que le dernier mot revient à Dieu.

- **Ce n'est pas nous qui sommes rejetés**

Sachons que dans cette attitude de rejet, on ne vise pas la personne elle-même mais son action ou ce qu'il y a en elle. C'est ce qui s'est passé avec Jésus alors qu'il était parfait et qu'il n'apportait que du bien autour de lui. Il a été rejeté. Et voici l'explication qu'il donne dans Jean 7 :7 « Le monde ne peut vous aimer, moi il me hait parce que je rends de lui le témoignage que ses œuvres sont mauvaises ». Autrement dit, si vous êtes rejetés alors que vous n'avez rien fait de mal, ce n'est pas votre personne qui est la cause, c'est plutôt parce que le monde est dominé par l'ennemi qui refuse tout ce qui est bon ; et vos ennemis ont peur de ce que Dieu veut accomplir au travers de vous. Laissez-moi vous dire, Dieu sera toujours de votre côté et vos ennemis ne vous vaincrons jamais, si vous vous laissez par ailleurs guider par le Saint-Esprit tout en menant une vie de sanctification.

Joseph n'avait rien fait, mais il était haï et rejeté par ses frères à cause de ses rêves, à cause de son avenir, à cause de ce que Dieu voulait accomplir avec lui. Joseph est aussi l'image du Christ ; il a subi le rejet de ses propres frères. Dans Mathieu 10 : 36 la Bible nous dit : « L'homme aura pour ennemi les gens de sa propre maison ». Jésus a été cloué à la croix. Joseph, ses propres frères l'ont jeté dans un puits, une citerne.

Le puits ressemble à un lieu d'ensevelissement, c'est un trou. Il était innocent pourtant. A leur père au contraire, ils ont présenté la tunique imbibée de sang, comme quoi, une bête féroce l'avait dévoré. Alors que ladite bête féroce c'était ses propres frères.

Mais plus tard, la pierre qu'on rejetée ce qui bâtissaient est devenue la principale de l'angle (Psaumes 118 :22). Parce que c'est Joseph qui les aidera une fois en Egypte qui devint à cette période-là un lieu de refuge pour eux.

Comme nous pouvons le voir, beaucoup ont été aussi rejetés à cause de leur étoile et de leur destinée glorieuse.

Prier et méditer la Parole c'est productif

Prier est vraiment productif. La Bible nous l'atteste dans Philippiens 4 :6-7. Dieu répond à la prière lorsque nous remplissons les conditions clairement établies dans sa Parole. **La prière ne fonctionne pas seulement sur les promesses, mais elle obtient des promesses et crée des promesses.** La prière permet d'approfondir notre communion avec Dieu. Le but de la prière n'est pas primordialement de recevoir quelque chose de Dieu. Mais plutôt recevoir de Dieu lui-même.

Par la méditation, Dieu nous parle à travers sa parole. Il vous communique sa pensée par les expériences de ceux qui sont passés par le même problème et leur façon d'agir quant à ce, vous fortifiera, solidifiera votre foi et votre espérance, vous encouragera et confortera votre certitude selon laquelle, comme à eux, le Seigneur vous fera autant grâce et vous accordera la victoire, ainsi est-il écrit dans Josué 1 :8. Cela nous apporte le succès et la réussite.

- Par la prière nous demandons à Dieu de nous guérir de nos blessures et nous accorder la paix. Car Jésus a connu ces mêmes douleurs aux jours de sa chair, il a vécu l'abandon, le rejet, l'humiliation, alors qu'il était juste. Il nous a donc promis de ne jamais nous abandonner quand bien même notre propre père, notre propre mère ou notre propre famille nous abandonnerait.
- Par la prière, nous demandons au Seigneur de nous remplir de son amour.
- La prière nous donne la force de surmonter les difficultés et nous proclamons haut et fort par la prière la

victoire sur les dégâts qu'a causés le rejet dans notre vie.

- La prière nous aide même à nous débarrasser de l'esprit de rejet qui empêche notre vraie identité en Christ de se développer. Et notre Dieu qui contrôle toutes choses, nous guérira de ces problèmes que nous avons vécus.
- La prière nous aide à éloigner ces méchants évènements de nos souvenirs, afin que, ce qu’on a subi du rejet n'ait aucune emprise sur nous, au nom de Jésus.
- Par la prière, Dieu nous aide à ce que, nos pensées soient transformées par le renouvellement de l'intelligence afin que nous ressemblions à Dieu, selon qu’Il l’attend de nous

- Par la prière nous détruisons et condamnons toutes pensées qui proclament le contraire de la volonté de Dieu dans nos vies et nous lions tout mensonge de l'ennemi sur notre personne, ainsi que la fausse identité qui s'était attachée à nous durant tout ce temps à cause du rejet.
- Nous allons appeler la restauration totale dans tous les domaines de nos vies et nous verrons ces choses s'accomplir selon que le Seigneur nous le déclare : "C'est pourquoi je vous dis : Tout ce que vous demanderez en priant, croyez que vous l'avez reçu et vous le verrez s'accomplir". Marc 11 :24

La sensibilité spirituelle

La sensibilité spirituelle, c'est le fait de percevoir, d'entendre, de voir, de toucher ; de faire ce que l'Esprit permet, ce qu'Il donne, ce qu'Il demande de faire sans résister. Beaucoup sont passés à côté par manque de sensibilité spirituelle. Dieu veut que l'on puisse savoir ce qu'il faut faire au bon moment.

Pendant mes moments difficiles, j'avais perdu l'estime de soi. J'étais toujours timide, remplie de blessures intérieures, seule, isolée, en manque de confiance, en dépression. Je ne savais quoi faire. C'est alors que Dieu m'a parlé, me disant : « **Ne crains rien, car je suis avec toi. Ne promène pas les regards inquiets car je suis ton Dieu.** » (Esaïe 41 :10). Je t'ai choisie, tu es à moi, tu es une femme heureuse. N'aie pas peur, car je connais les projets que j'ai formés pour toi, dit l'Eternel, les projets de paix. Et j'ai senti en moi la soif de connaitre le Seigneur d'avantage, d'entrer en profondeur avec lui, de connaitre les écritures et sa volonté pour moi. Tellement que ma soif était grande, j'ai demandé au Saint-Esprit de m'orienter ; Il l'a fait en me conduisant vers les personnes et endroits que Dieu avait prévus sur mon chemin, tout en me donnant certaines instructions à observer.

Entendre et faire, sont d'une grande importance. J'ai écouté la voix du Saint-Esprit et j'ai fait preuve de sensibilité spirituelle. Ayons la sensibilité spirituelle.

Ecoutons la voix du Saint-Esprit, ce qu'il nous demande de faire, là où il veut que nous soyons, ce qu'il veut que nous fassions. Obéissons, et nous verrons la main de Dieu dans nos vies, le succès sera partage.

L'Eternel te donnera la supériorité quand tu feras ce que Dieu demande, à cause de ton obéissance, la bénédiction te suivra. Telle est la condition pour prendre possession, « Etre obéissant », nous dit Dieu, fais ce que je te demande de faire (Deutéronome 30).

- **Ne permet à personne de te décourager**

Des appétits des gens méchants étaient d'exploiter mes faiblesses en voulant détruire ma crédibilité et anéantir tous mes efforts. J'ai connu beaucoup d'échecs. En cette période troublée, le découragement de ceux du dehors n'a pas pu vaincre la grâce de Dieu en moi. Car j'étais l'objet des soins providentiels de

Dieu. Lorsque nous traversons des moments difficiles, il y a toujours une portion de ceux qui veulent nous décourager et nous y enfoncer davantage. Nous faire croire que Dieu n'existe pas, qu'Il ne nous aime pas, qu'Il nous a abandonnés, nous avons péchés etc. ...

Dans la bible nous avons l'exemple de job et de ses amis, plus loin encore sa propre femme (Job 20 :9). Leurs propos n'étaient pas justes. Il y a ceux qui viendront profiter de votre faiblesse pour vous faire douter, vous apporter la confusion et vous éloigner de Dieu. Je vous encourage donc à rester ferme dans votre foi et de ne jamais renier le Seigneur. Job est resté fidèle à Dieu. Il n'a pas cédé au découragement, mais il demeura ferme dans son intégrité. Et nous savons du reste ce qu'a été sa récompense (Job 42 :12-17).

- **Rejeté des hommes mais aimé de Dieu**

Si vous êtes rejeté par vos parents, vos frères, vos amis, vos collègues, vos responsables, sachez que Dieu ne vous rejette pas. Ne regardez pas à la bouche des hommes, ni à leurs jugements. Regardez plutôt à Dieu. Ne considérez plus le rejet des autres. Considérez plutôt l'amour de Dieu. Considérez les promesses de Dieu à tous égards et ses bénédictions. Intéressez-vous au plan de Dieu pour votre vie. Vos ennemis seront confondus. Quel que soit ce que vous avez fait dans le passé, Dieu ne vous rejette pas. Il a envoyé son fils Jésus mourir à la croix pour vous. Dieu vous aime malgré tout et Il vous aidera à devenir la personne qu'Il attend de vous. Même si la terre entière vous rejette, Dieu ne vous rejettera jamais.

Dieu est Dieu, il est bon et Il vous aime. Dieu veut votre joie et Il veut qu'elle soit parfaite. Il veut votre victoire, votre guérison et surtout votre salut. Fixez vos yeux sur Dieu, de peur d'être déçu ou affaibli par l'attitude des autres. Ne vous appuyer pas sur les autres, ne comptez pas sur les autres, ne vous confiez pas aux hommes en vous détournant de Dieu. Selon que la bible nous dit : « Maudit soit celui qui se confie en l'homme » (Jérémie 17 :5).

Fixez vos yeux sur Dieu seul, car c'est le seul qui ne peut vous décevoir. Dieu sait tout, Il voit tout, Il vous connait mieux que ceux qui vous rejettent. Et ceux qui vous ont rejeté, Dieu seul les confondra. Ils seront dans la honte et dans la confusion. Ils seront jugés du jugement dont ils vous ont jugé (Mathieu 7 :2). Dieu vous aime et Il vous élèvera comme Il l'a prévu, car il y a un temps pour tout (Ecclésiaste 3 :1).

- **Les effets de la grâce de Dieu**

La grâce de Dieu m'a localisée. Elle a étendu mes limites. La grâce a pris en charge mes insuffisances. Ce rejet des hommes m'a permis d'approfondir ma relation avec le Seigneur et à ne compter que sur lui seul (Proverbes 3 :5).

J'ai appris :

- A porter le fruit de l'Esprit, selon Galates 5 : 22.
- A être seule avec le seigneur
- A supporter les persécutions et les difficultés
- A faire confiance totalement à Dieu
- J'ai appris tant de leçons qui m'ont rendue mature.

Ce qui me donne à remercier tous ceux qui m'ont rejetée, persécutée, haïe, calomniée. Ils m'ont aidée par ricochet à accomplir le plan de Dieu dans ma vie. Dieu a changé mon mal en bien, à mon avantage. J'encourage donc quelqu'un qui est rejeté, oublié, à ne pas avoir peur. D'être fort, non pas seul, mais avec la Saint-Esprit comme aide et guide.

Selon l'humain vous êtes seul, mais en réalité vous n'êtes pas seul. Dieu est avec vous et Il étend vos limites aujourd'hui comme avec Jaebets dans 1 Chroniques 4 :10, pour que vous bénéficiez de sa grâce même si votre vie semble compliquée et sans espoir en ce moment.

TROISIÈME PARTIE :

LES DIFFERENTES ETAPES POUR APPRENDRE A SORTIR DU REJET

« **Lorsqu'ils traversent la vallée de Baca, ils la transforment en un lieu plein de sources.** » Psaumes 84 :7

1. Avoir une attitude orientée vers la Parole de Dieu

Quelqu'un a dit : « **l'adversité est synonyme de prospérité pour l'homme doté d'une bonne attitude** ». Nombres 13 et 14, l'Esprit de Dieu nous parle des 12 espions envoyés par Moise à Canaan qui revinrent donner leur rapport. Dix avaient un avis mitigé tandis que Caleb et Josué étaient optimistes quant à la conquête de cette terre promise. Ils ont dit : **montons et emparons-nous du pays.** Caleb et Josué étaient **animés d'un autre esprit ;** c'est-à-dire animés d'une foi ferme braquée sur un Dieu Grand et Puissant. Caleb et Josué avaient vu les fils d'Anak, mais ils n'ont pas proclamé les difficultés. Ils ont proclamé la gloire de Dieu qui est une source aux possibilités illimitées. L'attitude de supériorité, c'est avoir une attitude orientée vers la parole de Dieu. Dans d'autres termes, ton problème trouvera sa vraie solution d'abord et avant tout si tu crois à ce que la Bible déclare au sujet de ce problème. La différence est dans votre attitude.

2. Compter sur la Grâce Divine

Dans 2 Cor 12,9b : « **Ma grâce te suffit**, car ma puissance s'accomplit dans la faiblesse ". Le chantre et parolier **Alain Moloto a donné une révélation appropriée de ce que FAIT la grâce : « Sa grâce prend en charge nos insuffisances ».** En voyant avec les yeux de l'Esprit, C'est dans la grâce que Dieu nous offre que nous trouverons la force de libérer du rejet. Marie expérimenta cela. Dans Luc 1 :30, il est écrit en faveur de Marie **: « Tu as trouvé grâce devant Dieu (LSG) ou Dieu t'a accordé sa faveur (Semeur) ».** Au verset 48, Marie reconnut les effets merveilleux de la grâce de Dieu dans sa vie, comment elle fut extrêmement favorisée : "Parce qu'il a regardé la **BASSE CONDITION** de son esclave". La Bible déclare que : **« la femme qui a la grâce obtient la gloire »**. (Proverbes 11:16). Pour dire, **la grâce précède la gloire.**

- La grâce contient une puissance incroyable qui te fait tenir bon dans les moments compliqués de ta vie.

- L'infinie grandeur de la grâce de Dieu a la capacité de t'élever à des niveaux inespérés.

3. Faire confiance à Dieu

1 Pierre 2 :7 « L'honneur est donc pour vous, qui croyez ». Ce verset est pour moi très inspirant. « Honorer » signifie respecter, tenir en estime, révérer ou vénérer. Le mot « honorer » indique un respect profond à l'égard de quelqu'un, et dénote un sentiment de haute estime. **Faire confiance en Dieu**, c'est être sûr de l'intervention de Dieu en toute circonstance. Tous ceux que Dieu a rendus grands ont appris une chose : faire confiance à Dieu en tout.

La foi en Christ porte en elle une très grande valeur. Si la foi est bien orientée sur Elohim Lui-même, cette mesure de foi va obtenir ce que Dieu a promis à ceux qui ont la foi bien fondée (Romains 10.17). On peut posséder la bénédiction exprimée par Dieu quand la foi est bien exercée. Le juste (chrétien régénéré, et vivant dans la sanctification) vit par la foi en cette confiance en Dieu. Il y a des années qu'Ivan Castanou a déclaré que : **« la raison pour laquelle tu dois faire confiance à Dieu, c'est parce qu'il connait le processus pour amener la Parole à être manifestée ».** Voici un encouragement à faire confiance à Dieu même lorsque les circonstances de ta vie sont incompréhensibles. Pour faire bref, faire confiance à Dieu, c'est croire en ses capacités, croire à sa Parole, croire en ses promesses malgré les multiples épreuves.

4. Marcher par la foi

« Nous marchons par la foi et non par la vue » 2 Corinthiens 5 :7.

Le juste doit marcher par la foi. Ne sois pas impressionné par la hauteur de la montagne qui est devant toi. Dieu va l'aplanir ! Tout est possible à celui qui croit. C'est grâce à sa foi que l'aveugle Bartimée a retrouvé la vue. Dieu travaille avec des hommes de foi qui n'ont que la promesse comme mandat de Dieu pour accomplir des exploits. La foi, qui s'appuie sur la Parole de Dieu, permet de voir ses promesses comme déjà réalisées. Croyons à la promesse de notre Seigneur.

Marche par la foi et non par la vue ! Marche par la foi, ne laisse surtout pas tes craintes te dominer. Il est écrit dans Jean 20 :29 : **« Heureux ceux qui croient sans avoir vu ».** (Hébreux 20 :29, Hab. 3 :4, Marc 9 :23)

CONFESSION : Que Dieu suscite en moi une foi qui sera inébranlable face à toutes montagnes. Au Nom de Jésus-Christ !

<u>5. Tirer profit des situations difficiles ou apprendre de ses échecs</u>

Il faut des racines spirituelles profondes pour traverser les sécheresses de la vie. Ce ne sont pas les souffrances qui anéantiront les promesses de Dieu pour votre vie. Il y a à espérer car l'Eternel en donnera la solution. Ton Dieu est un Dieu des miracles, et ce, à tous les niveaux, tous les jours. Le passage par le désert est une expérience rude pour les croyants. (Rom. 8 :28)

<u>6. Mener une vie d'offrandes</u>

« Les présents (dons) d'un homme lui élargissent la voie et lui donnent accès auprès des grands ». (Proverbes 18.16).

La version BBE (The Bible in Basic English) emploie le mot "offrande". L'Offrande que donne un homme ouvre bien des portes en sa faveur et lui permet de rencontrer des gens haut placés. Dans les pages de la Bible, des offrandes ont été à l'origine de la découverte de destinée, de victoire dans le combat, de bénédictions prophétiques, etc., et même à l'origine des résolutions de plusieurs problèmes.

En abrégé, pour que Dieu t'élève au plus haut niveau degré de grandeur, tu dois_être un "semeur". La volonté parfaite de Dieu est que ta vie dans son entièreté soit caractérisée par la multiplication. Ceci est possible si et seulement si nous menons la vie d'offrandes à l'instar de ceux de la bible. Pour tout couronner, en menant une vie spirituelle disciplinée en matière d'offrandes, nous nous exposons aux profondeurs de Dieu. Car, une vie spirituelle disciplinée en matière d'offrandes entraîne toujours une vie surnaturelle. (Actes 20:35, Psaumes 126:5, et Galates 6:7)

7. Demander pardon ou Pardonner

Dans le christ, par son sang, nous avons la rédemption, le pardon de nos fautes. Telle est la richesse de la grâce de Dieu (Ephésiens 1 :7).

Le pardon détient une force agissante capable de libérer, c'est-à-dire capable d'amener à la vraie délivrance de l'âme (pensée, émotion, cœur ou sentiment). Libérez-vous, pardonnez son ignorance et son manque de discernement. Cependant, d'autres personnes vous recherchent ou vous attendent. Continuez d'avancer sur le chemin de la vie. Très souvent, les personnes qui vous ont rejeté n'ont fait que produire un scénario qu'elles ont elles-mêmes vécu ou subi. Secouez vos épaules et continuez d'avancer vers votre destinée. Continuez de développer votre potentiel en laissant Dieu vous construire. Alors vous remarquerez ces mêmes personnes revenir se prosterner devant vous et solliciter votre aide comme l'ont fait les frères de Joseph.

Ne laissez plus l'amertume vous envahir. Ressaisissez-vous et avancez ! Continuez de peaufiner vos talents, vos dons et vos aptitudes ; ainsi vous augmenterez votre valeur personnelle. Rejoignez le rang de ceux qui ont été rejetés dans leur vie et qui ont fait le choix de pardonner et de ne pas se laisser intimider par le rejet. Ceux qui ont marqué leur époque en libérant leur potentiel et en inscrivant leurs noms sur les pages de l'histoire. Peu importe que les autres vous rejettent, vous caricaturent ou bafouent votre valeur, Dieu vous connait et c'est largement suffisant. Je vous demande de pardonnez pour votre propre bien.

Méditez ces textes : Mathieu 6 :14; 1 Pierre 3:9.

8. En finir complètement avec son passé

2 Cor. 5 :17, le retour au passé (négatif) est souvent déconseillé parce qu'il ne permet pas d'avancer ni d'évoluer. Quand Dieu libera son peuple de l'emprise de l'ennemi en Egypte, Il leur a interdit de ne plus RETOURNER en Egypte (dans l'esclavagisme). Donc il devrait en finir avec leur passé. Mais, en dépit de cette interdiction ; on a vu à maintes reprises ceux de la génération de Moïse vouloir retourner en Egypte, ce qui leur a couté trop cher. L'acte de regarder en arrière pour la femme de Loth, explique le cœur d'une personne étroitement liée à son passé. Elle en a payé au prix de sa vie. (Esaïe 65 :17, Job 8:7, Job 11:16)

9. Se confiez à ses saints prophètes

2 Chr. 20,20, **des hommes de Dieu sont porteurs des bénédictions divines.** La position de

Ruth dès ses premières heures à Bethléem était d'aller glaner dans les champs, ce qui était vu par la loi comme une position très humiliante, un travail réservé aux personnes de sous-zones, donc méprisé. Jésus en parle en profondeur dans sa conversation avec la femme étrangère dans Matthieu 15 :22-28. "Le pain des enfants (juifs), jetés aux petits chiens (étrangers)". Les miettes qui tombent de la table du maitre, d'après la loi d'autrefois, étaient réservées aux pauvres ou aux étrangers. Tout étranger sur le sol d'Israël pouvait se sentir humilié ou rejeté par ce fait. Mais, Noami y était pour guider Ruth, jusqu'à devenir une personne importante en Israël. Sur 100% d'hommes bénis par Dieu dans la bible, plus de 99,99% sont passés chez les oints de Dieu : Moïse chez Jethro, Timothée auprès de Paul, Samuel aux pieds d'Eli, etc. (Heb.7:7, Eccl. 4:7)

10. Protéger son cœur et nourrir ses pensées des pensées du Seigneur

« Tu aimeras le Seigneur, ton Dieu, de tout ton COEUR, de toute ton âme, et de toute ta PENSEE » (Matthieu 22:37).

Protéger son cœur : Proverbes 4:23 et Matthieu 6:21

Les meilleurs moyens de garder son cœur c'est éviter d'écouter, de lire, de regarder et de fréquenter tout le monde. Car se livrant à cela, on va faire naitre en soi des ambitions charnelles et mauvaises qui sont contraires à la volonté de Dieu, qui par la suite apporte la destruction. Ne laissez personne déformer votre cœur. Dieu te cherche pour rétablir ton cœur de bénédiction. Jérémie 29:13 ; 17:8. Le cœur de l'homme est tortueux. Parce qu'on est blessé, l'autre doit l'être aussi ; puis qu'on souffre, l'autre aussi doit souffrir. (Matt. 5:8)

Protéger ses pensées : Philippiens 4 :8

« L'homme est comme les pensées de son âme » (Proverbes 23 :7)

Lorsqu'on lit l'histoire des héros de la foi dont parle Hébreux 11, l'on constate qu'ils ont aussi fait face à des moments difficiles dans leurs vies. Mas la chose qui les démarquait jusqu'à être appelés vaillants de la foi, c'est l'attitude qu'ils avaient pendant ces moments. En effet, **l'attitude que tu as pendant un moment difficile indique la mesure de foi que tu as en Dieu.** En réalité, tout part de LA QUALITE DE TES PENSEES. La bible dit dans Proverbes 23 :7 que l'homme est comme les pensées de son âme. Cela revient aussi à dire que la manière de penser que tu adoptes, définit l'attitude que tu auras face à une situation. (Proverbes. 12 :5, Ps 49 :4)

11. <u>Confesser régulièrement la victoire de Jésus sur la croix en ta faveur</u> Colossiens 2 :14

- Laisse ta foi croire à la Puissance de Jésus-Christ !
- Laisse ta foi te connecter à la Richesse divine !
- Laisse ta foi te connecter à l'élévation divine !
- Permets à ta foi de croire aux miracles !
- Permets à ta foi de comprendre que rien n'est impossible à Jésus !
- Nourris ta foi avec la connaissance du grand travail que Christ a accompli pour toi sur la croix de Golgotha !
- Vois ton avantage dans sa Résurrection !

Confession : Confesse j'ai la victoire devant toute puissance de l'ennemi et tout est accompli sur ta vie au Nom de Jésus-Christ !

(Rm. 8:37, 1 Jn. 4:4, Ps. 68:29)

<u>12. S'investir dans les choses de Dieu</u>

Jésus a dit : « **Ne savez-vous pas qu'il faut que je me préoccupe des affaires de mon Père ?** » (Luc 2:49).

Il n'y a pas mieux sur la terre que de servir pour les intérêts du Royaume. Comprenons que Dieu nous a tous confié des DONS, et que chacun d'entre nous devons être là où Dieu nous appelle à œuvrer pour Lui. Il y a un verset qui m'est très inspirant en ce qui concerne l'Œuvre de Dieu, Genèse 49:25 : "L'œuvre de Dieu **BÉNIT** et **AIDE**". Tout racheté de Jésus a été envoyé avec un mandat particulier en rapport avec le plan du salut. Je te prie d'accepter cela. A lire impérativement Jean 6:26-29, Actes 1:8.

(Col. 3:1-4, Mt. 6:33, Ps. 37:4)

Épilogue

S'il nous faut penser en termes célestes, chaque difficulté rencontrée doit être l'occasion d'un nouveau progrès. L'Éternel Dieu peut se servir de nos problèmes pour nous aligner vers la bonne direction. Compte tenu de ce qui précède, pour surmonter et sortir du rejet, pour tirer profit des situations difficiles, il est urgent et nécessaire de choisir la perspective Divine sur le rejet. L'esprit inspiré du prophète Esaïe nous prouve à suffisance que celui qui a été rejeté peut se retrouver dans une condition glorieuse !

« Mais il a plu à Dieu de le briser par la souffrance. Bien que toi, Dieu, tu aies livré sa vie en sacrifice de réparation, **Il verra une descendance. Il vivra de longs jours et Il accomplira avec succès ce que désire l'Éternel.** Car après avoir tant souffert, **Il verra la lumière, et Il sera comblé. Beaucoup de**

gens le connaîtront, et pour cela, mon serviteur, le Juste, leur accordera le statut de justes et Se chargera de leurs fautes ». Esaïe 53 : 10-11 (BDS)

Chaque situation qui arrive dans la vie de ceux qui croient en Dieu est une opportunité, dirai-je une occasion pour eux de vivre de nouvelles choses avec leur Seigneur ; car Dieu est le Dieu des opportunités. C'est vrai que dans la plupart de cas, aveuglés par des événements, cette vérité est cachée à nos yeux. Joseph a compris plus tard que l'Egypte était le lieu de sa destinée, raison pour laquelle il a dit à ses frère : **Ce n'est donc pas vous qui m'avez envoyé ici, mais c'est Dieu** (Genèse 45:8).

Tu dois comprendre plus profondément qu'il y a de l'espoir pour toi (Jérémie 31:17). Ne laisse pas le rejet avoir le dernier mot sur ta vie. Mais accroche-toi à ce que Dieu dit de toi. Je te conjure de ne pas céder au découragement, car c'est un poison mortel. Il y a un Dieu avec un but, Il l'exprime dans Jérémie 29 :11.

« **Car moi je connais les projets que j'ai conçus** (formé, évolué, calculé, réfléchi, compté, projeté) **en votre faveur, déclare l'Eternel : ce sont des projets** (desseins, buts, plans, pensées, idées, inventions) **de paix et non de malheur, afin de vous assurer un avenir plein d'espérance** ».

Pour couronner le tout, la bénédiction, la gloire, l'élévation sont derrière les obstacles devant ta vie. Réjouis-toi, si Dieu permet l'humiliation, l'abaissement et le dépouillement dans ta vie. Ces choses précèdent toujours de GRANDES GLOIRES. Ne retourne pas à ton passé. Ton obstacle cache une grande gloire. Un nom nouveau t'attend derrière ton combat. Le Christ est venu guérir les cœurs brisés. Aujourd'hui, prends un temps avec Dieu pour réaliser combien Il peut t'aider à surmonter ce défi qu'est le rejet dans ta vie si tu fixes tes regards sur Jésus. Dieu veut et peut utiliser le rejet qui te fait mal pour construire ton identité.

L'Eternel YHWH a besoin de ta vie afin de l'utiliser comme instrument pour bénir les autres. Tu as une place prévue par Dieu où ta destinée va exploser. Il te suffit de connaitre la vision et les rêves de DIEU pour ta vie. Le Dieu des PLANS a dit : **« Je suis venu pour que les brebis aient la vie, et qu'elles soient dans l'abondance »** (Jean 10:10a). Le Seigneur est venu te donner la possibilité de vivre ce que Dieu a prévu pour toi. Tout ce que tu as aujourd'hui, ce n'est pas tout ce que Dieu a prévu dès l'éternité pour toi, ce n'est pas tout ce qui existe dans son dépôt pour toi. Il y a d'autres choses.

Il sied de rappeler que des choses glorieuses ont été dites sur toi (Psaumes 87:3). A coup sûr, un bon nombre de choses que Dieu a déposées en toi et entre tes mains. Elles t'ont été données pour un but divin, pour l'accomplissement des desseins de Dieu. Crois-le, Dieu te fera passer de la bassesse à la grandeur et tu deviendras alors une source de bénédiction pour plusieurs. Tu vivras une vie qui manifeste la provision surnaturelle. **C'est Dieu qui commande, c'est Dieu qui crée, c'est Dieu qui justifie, c'est Dieu qui a le contrôle de tout, c'est Dieu qui décide de tout, c'est Dieu qui a le dernier mot.** Accroches-toi donc à Lui sans ignorer qu'aux yeux de Dieu, tu as de la valeur, et tu es utile. Dans son agir, Il mettra sur ton chemin des personnes-clés qui seront une réponse divine dans ta vie. **Lève-toi, sois éclairé, car ta lumière arrive, et la gloire de l'Eternel se lève sur toi** (Esaïe 60 :1).

Puisse le Saint-Esprit, qui nous a donné la connaissance, l'expliquer et l'appliquer à vos âmes !

« Tu n'auras plus de malheur à éprouver » (Sophonie 3 :15b)

www.ingramcontent.com/pod-product-compliance
Lightning Source LLC
LaVergne TN
LVHW092052051026
849517LV00013B/2465
* 9 7 9 1 0 9 5 1 6 9 4 6 8 *